DOCUMENTS

RELATIFS AU PASSAGE

DE

SAINT FRANÇOIS DE PAULE A LYON

(1483),

PAR M. F. ROLLE.

LYON
IMPRIMERIE D'AIMÉ VINGTRINIER
Rue de la Belle-Cordière, 14.

1864

PASSAGE

DE

SAINT FRANÇOIS DE PAULE A LYON.

—

Dernièrement M. Dufay publiait, ici-même, sur le peintre Jean Perréal, un essai biographique dans lequel il est fait mention de saint François de Paule, je crois donc ne pouvoir mieux faire que de communiquer à la *Revue* quelques documents inédits, relatifs au passage du bienheureux ermite à Lyon. Chacun sait, et la chose a été racontée par M. Dufay (1), dans quelle circonstance ce fait eut lieu. Je n'en reparlerai donc plus.

Il serait vraiment dommage de laisser dormir plus longtemps dans l'oubli des renseignements qui, outre leur valeur historique proprement dite, présentent encore un intérêt d'un autre ordre, mais tout aussi puissant et, s'il se peut, beaucoup plus vif, en ce qu'ils nous initient, au moins dans une certaine mesure, à la vie commune

---

(1) *Revue du Lyonnais*, année 1863, p. 119 (liv. d'août).

du peuple lyonnais, vers la fin du XVe siècle. Ainsi, en un langage naïf et, si l'on veut, à peine ébauché, mais, en tout cas, plein d'originalité et de saveur, d'humbles rôles de dépenses vont nous introduire dans une hôtellerie lyonnaise du moyen âge ; là, ils se chargeront de nous révéler quelques-unes des pratiques culinaires du temps, et de nous apprendre d'une manière nette, précise, et comme le pourrait faire la ménagère la plus habile, ce que coûtaient les viandes de boucherie, les oiseaux de basse-cour, le pain, le vin, les œufs, les fruits et autres comestibles nécessaires à l'entretien de la machine humaine. De temps à autre, un trait de mœurs bourgeoises, un usage populaire se glisseront sous la plume inconsciente du comptable ; celui-ci, sans soupçonner leur intérêt futur, les fixera rapidement sur le papier et ces simples croquis viendront, souvent fort à propos, égayer les répétitions, parfois monotones, des écritures du digne clerc. C'est la vérité prise sur le *naturel,* comme on disait jadis, et telle que les livres de compte la peuvent seuls donner.

D'autres pièces de dépenses nous montreront, sous de certains aspects, l'état de l'industrie locale à cette époque lointaine. Elles nous diront les prix variés des matières premières et ceux de leur main-d'œuvre, au sortir de l'ouvroir de l'artisan ; elles se rattacheront enfin, par quelques liens, à cette question si pittoresque, si attrayante et si en faveur de nos jours, du mobilier d'autrefois.

Et, que l'on ne s'y trompe pas, au lieu d'une restitution pénible, plus ou moins ingénieuse, fantaisiste ou spirituelle, on aura sous les yeux un tableau, sans aucun doute réduit et incomplet (1), mais sincère, primesautier et, en un mot, tel qu'il s'offrait à Lyon, dans ce temps là, aux regards surpris de l'étranger, du courant quotidien de la grande et noble cité.

Loin de fondre ces vieilles choses en un récit incolore et sans charme, je leur laisse au contraire, tout leur développement intégral et toute leur contexture native, persuadé qu'agir autrement serait, non-seulement déflorer, pour ainsi dire, ces vénérables témoins d'un autre âge, en les dépouillant du vernis quatre fois séculaire, qui n'est pas un de leurs moindres mérites, mais risquer peut-être d'en altérer le sens et d'en fausser l'esprit. De cette façon, le lecteur sera complètement libre de tirer de l'ensemble des faits telles conclusions qu'il jugera convenables.

Ces curieux documents se divisent naturellement en trois parties, dont deux se soudent étroitement à la première. Celle-ci comprend deux lettres de cachet originales du roi Louis XI ; une autre renferme les dépenses de voyage de saint François de Paule et des personnes de sa suite ; la troisième et dernière embrasse les frais de construction et d'installation de la litière du bon religieux, ainsi que ceux du harnachement de l'équipage de trait destiné à conduire ce singulier véhicule, qui devait être, ma foi, des plus compliqués.

---

(1) Un jour viendra, — qui n'est pas fort éloigné, — où toute lacune de ce genre disparaitra, à peu de chose près. Alors, seulement, il sera possible de reconstituer historiquement, à l'aide de données positives et nombreuses, la condition privée de l'ancienne société lyonnaise.

N° 1. « *A nous (nos) très-chiers et bien amez les conseilliers de nostre ville de Lion.*

« De par le Roy.

« Très chiers et bien amez, — Nous envoyons nostre amé et féal conseillier et maistre d'ostel Rigault Doreille, à Lion, au devant de Guynot de Losière, aussi nostre maistre d'ostel, qui amène un homme de saincte vie avecques lui, que nous avons envoyé quérir à Naples. Et avons donné charge au dit Doreille de *faire faire* ung chariot et litiere pour amener le dit sainct homme mieulx à son aise. Et, pour ce, nous vous prions, sur tout le service que vous nous désirez faire, que vous recevez et festoïez icellui saint homme le mieulx que vous pourrez, et *faites faire* les dits chariot et litière et autres choses nécessaires pour l'amener. Et, sur ce, croïez le dit Doreille de ce qu'il vous en dira de par nous, et vous nous ferez très-agréable plaisir. — « Donné au Plessis-du-Parc, le xxiiij° jour de février.

Loys.

« Charpentier. »

On lit sous cette dernière signature (1) : « A ceulx de Lion. »

N° 2. « *A nos très chiers et bien amez les consuls, manans et habitans de nostre ville de Lyon.*

« De par le Roy,

« Très chiers et bien amez, nous (vous?) avons escript

(1) Qui est, comme on sait, le contre-seing d'un secrétaire d'Etat.

par Rigault Doreille, nostre maistre d'ostel, touchant les choses que nous voulons estre faictes pour le sainct homme que Guynot de Losière, aussi nostre maistre d'ostel, nous amène; et, pour ce, faites ce qu'il vous dira. Et, quant le dit sainct homme sera arrivé par delà, recevez-le et le festiez comme si c'éstoit nostre Saint-Père, car nous le voulons ainsi pour l'amour de sa personne et de la saincte vie qu'il mène. Si, gardez qu'il ny ait faulte. — « Donné au Plessis-du-Parc, le xxvij^e jour de mars (1).

« Loys.

« Bessonat »

II.

« Clément Mulat, docteur, et Pierre Fornier, licencié en loys, Pierre Brunier, Jehan Buyatier, Guillaume Baronnat, Jehan Rossollet, Jehan Le Maistre, Robinet Dupré, etc., citoyens et conseillers de la ville de Lion, à honorable homme Alardin Varinier, trésorier de la dicte ville et receveur général des deniers communs d'icelle, salut. Nous vous mandons et commandons, par ces présentes, que, de et sur les deniers de vostre dicte recepte, vous bailliez et délivrez à Guiot Vachard, hoste du *Griffon*, en la dicte ville, la somme de 25 livres tournois, à lui deue, accordée et tauxée pour la despense et festoiement que le Roy, nostre souverain Seigneur,

---

(1) Les lettres closes ou de cachet, ne sont ordinairement datées que du mois et du jour; mais il est évident que celles-ci se rapportent à l'année 1483.

manda faire pour le bon saint homme que le dict Seigneur fit venir du royaume de Naples, en avril dernier passé, ensemble messeigneurs les ambaxadeurs du dict Seigneur, qui conduysoient et menoyent le dict saint homme, c'est assavoir : messieurs les maistres d'ostel Guinot de Lozière et Rigaud Loreille, le cappitaine de la grosse tour de Bourges et l'ambaxadeur du roi Ferrande (1), comme appert plus à plain, tant par les lectres missives du Roy, nostre dict Seigneur, pour ce envoyées à la dicte ville, comme par les parcelles de la dicte despense, contenues es feuillelz de papier cy-actachez par Jehan Columbier, à ce par nous commis, escriptes et contrerollées, etc. — Donné à Lion, en l'ostel commun de la dicte ville, le xxvj° jour du moys de may, l'an 1483.

« Ainsi passé par mes dicts seigneurs consuls.

« A. Dupont. (2). »

Au dos de ce *mandement* ou mandat, se trouve la quittance notariée (en latin) d'Antoinette, femme de Guyot Vachard. Voici maintenant le compte dressé par Jean Colombier. Pour plus de commodité dans la lecture, j'ai substitué des chiffres arabes aux chiffres romains de l'original.

« S'en suyt la despense faicte le mercredi 24° d'avril 1483, en l'ostel du *Griffon* (3), à la venue du sainct homme et ses consors qui le conduysent, pour et au nom

---

(1) Ferdinand Ier, roi de Naples.
(2) Antoine Dupont était procureur général de la ville de Lyon.
(3) Situé dans le quartier de Bourgneuf.

de messeigneurs les conseillers de Lyon, et ce pour ce jour, tant seulement.

« Et premièrement, en pain prins de Jehan le panetier, le matin, deux douzeynes, ung chacun de dix deniers tournois, qui montent en somme de 20 solz tournois.

« Item, une douzeyne de petits pains, de quatre deniers, qui vallent 4 s. t.

« Item, plus, au souper, en pains prins du dit panetier, six pains, chacun de dix deniers tournois, qui vallent 5 s. t.

« Item, une douzeyne de petits pains, chacun de quatre deniers tournois, qui vallent 4 s. t.

« Item, pour le disner des chiens qu'ilz avoient, quatre pains bis, chacun de dix deniers tournois, qui vallent 3 s. 10 d. t.

« Item, pour le souper d'iceulx chiens deux pains bis, chacun de quatre blancs, qui vallent 3 s. 4 d. t.

« Item, pour le souper d'autres gens qui survindrent (survinrent) prindrent (prirent) six pains, chacun de dix deniers tournois, qui vallent 2 s. demy t.

« Somme toute, en pain, 2 livres 7 solz 2 d. tournois.

« Pareillement, s'ensuyt le vin, tant blanc que cléret prins au logis du *Griffon*, livré ledit jour.

« Et premièrement, pour le desjeuner de M. le cappitaine Guynot, de Bourges, et autres seigneurs, deux symèses (1), qui vallent 4 s. t.

« Item, plus autres deux cartes (2) de vin pour mon

---

(1) Mesure de capacité pour les liquides.
(2) *Idem*.

dit seigneur Guynot, pour ung autre desjeuner, qui vallent 4 s. t.

« Item, pour la femme de sire Robinet Dupré et l'ostesse du *Pourcellet* (1) et autres, pour leur desjeuner, une carte de vin, qui vault 2 s. t.

« Item, deux cartes de vin claret, vallans 4 s. t.

« Item, un disner, quand ilz furent arrivez, neuf cartes de vin, qui vallent 18 s. t.

« Item, pour icelluy disner, trois cartes, qui vallent 6 s. t.

« Et puis, au souppor, en vin, sept cartes de vin, vallans 14 s. t.

« Item, plus pour trois cartes et ung pot, 7 s. t.

(1) Nonobstant la réserve que je me suis imposée au commencement de cet article, je prendrai la liberté d'expliquer la nature de la mission qui pouvait avoir été confiée à ces deux femmes dans l'auberge du Griffon, où leur présence est officiellement constatée ici. L'hôtesse du Porcelet avait naturellement été engagée pour donner un coup de main à sa commère du Griffon, qui avait fort affaire en cette circonstance exceptionnelle, où toutes les broches tournaient, où toutes les chambrières étaient en mouvement, de la cave au grenier; car il s'agissait, d'après les ordres du Roi, de *festoyer* splendidement des ambassadeurs étrangers ainsi que des officiers de guerre, et l'on sait que les soudards de ce temps-là chérissaient la ripaille. L'hôtesse du Porcelet était donc parfaitement dans son rôle. Quant à la femme de Robinet du Pré, le cas est différent : cette dame, — sans doute une matrone respectable, — aurait été désignée, tout en ayant la direction générale du service, pour veiller particulièrement au bien-être du saint homme, qui vivait à l'écart, et l'entourer de ces soins empressés et délicats dont les femmes possèdent seules le secret. Quoi qu'il en soit, on peut admettre avec certitude que, malgré la banalité du lieu et le voisinage du capitaine de la grosse tour de Bourges et de ses compagnons, l'épouse du grave conseiller de ville se trouvait là en tout bien tout honneur, et qu'elle n'eut pas à s'attirer, de la part de son mari, la brûlante apostrophe lancée par le sire de Franc-Boisy à sa trop sémillante moitié.

« Item, es deux cocasses (1) de la ville, tenans sept cartes, 14 s. t.

« Item, plus six cartes, 12 s. t.

« Item, plus, après soupper, bien tard, quatro cartes de vin, 8 s. t.

« Item, plus, pour après disner, six cartes de vin, quant mes seigneurs le cappitaine et maistre d'ostel voulsirent (voulurent) gouster, (la dépense n'est pas portée).

« Item, plus deux cartes de vin, avant soupper, 4 s. t.

« Item, plus autres deux, avant soupper, 4 s. t.

« Item, au partir, pour aucuns qui ont voulsu boire, quatro cartes de vin, vallans 4 s. t.

« Somme du vin 60 cartes, qui montent 6 livres moins ung solz tournois.

« Semblablement, s'ensuyt la cher prinse à la boucherie Sainct-Pol, lo dit jour, d'ung nommé . . . . (le nom est en blanc). . . , bouchier.

« Et premièrement, ung moton (mouton) entier, sans la peau, vallant 20 gros.

« Item, un cartier dernier (de derrière), 5 s. t.

« Item, ung cartier de veau et une poitrine, vallans 15 gr.

« Item, un chivreau entier, sans sa peau, vallant 15 gr.

« Item, trois cartiers de chivreau et à teste, 5 s. t.

« Item, sinq livres de lart pour larder, tant au soupper que au disner, vallant 5 s. t.

(1) Chaudrons.

«La cher grasse prinse du dit bouchier pour le soupper.

« Premièrement, une espaule et une faulse espaule, avec ung gigot de mouton, 7 gr. t.

« Item, plus deux anches de chivreau, les unes vallans dix blans et les autres six blans, 5 gr. 6 d. t.

« Item, plus deux testes de chivreau, vallans (1).

« Item, plus ung ventre de chivreau.

« — 4 livres 4 s. 6 d. t.

« Et pour la volatillie (volaille).

« Et premièrement, sept pijons que le sire Robinet Dupré envoya, 8 s. t.

« Item, plus six pollés (poulets) prins par le cusinier qui faisoit la cusine, vallans 10 s. t.

« Item, aussi troys pijons prins du dit cusinier, vallans 3 s. t.

« Et, pour le soupper.

« Six pijons baillez par le dit cusinier, vallans 6 s. t.

« Item, plus autres six pollés qu'ilz voulsirent avoir, baillez par icelluy cusinier, vallans 10 s. t.

« Item, plus autres six pijons, pour ce qu'il n'y avoit assez cher chaude, vallans 6 s. t.

« Item, pour le disner, des oyseaux ; — un pijon et ung pollet pour le soupper, vallans 2 s. t.

« — 2 livres 5 s. t.

« S'ensuyvent les choses menues.

« Premièrement, troys douzeynes de verres prins pour eulx, dont l'en (l'on) en conte deux douzeynes de pardus et une douzeyne que l'ostesse poyera, vallans 5 s. t.

---

(1) Cet article et le suivant ne sont pas cotés. Sans doute le boucher les avait livrés par dessus le marché.

« Item, trois orenges au disner et six à soupper, vallans 1 gr.

« Item, pour une once et demye de pouldre (1), 15 d. t.

« Item, plus d'erbes à faire du verjust, 6 d. t.

« Item, sinq livres de fromage, vallans 5 s. t.

« Item, une livre d'uyle olive, vallant 12 d. t.

« Item, six livres de chandelles, 5 s. t.

« — 20 solz tournois.

« Item, furent logés sinq chevaulx, le jour que le sainct homme fut venu en son logis du *Griffon*, par tout le jour, desquelx demande, avec la disnée d'ung cheval, 22 gr. t.

« Semblablement, s'ensuyt la despence faicte au *Griffon*, le mércrédi 23ᵉ d'avril 1483, avant que le sainct homme fût arrivé, pour ceulx qui le conduysent, c'est assavoir: Pour les ambassadeurs de Naples, qui estoient sinq hommes et autant de chevaulx, pour ce jour de mercredi, tant seulement, demande la dicte hostesse pour iceulx sinq chevaulx et ces cinq hommes, pour ce jour, 1 escu d'or, 3 gr. et 6 d.

« — 3 livres 4 s. 10 d. tournois.

» Somme grosso 19 livres.

« Item, pour six fers de cheval qui (que l'on?) baillia à Barthélemy le mareschal, vallant 5 s. t.

« Et pour la bonne chière, boys et autres choses, 6 livres.

« Somme universelle, 19 livres 5 s. 2 d.

---

(1) Sûrement quelque épice, comme poivre, piment, gingembre ou tout autre condiment.

Tel est le compte particulier dressé par Jean Colombier, qui avait pour mission spéciale de régler les frais de réception de François de Paule; mais il en est d'autres, complémentaires, qui ont trait au même objet. Ceux-ci font partie de la comptabilité ordinaire d'Alardin Varinier, receveur de la ville.

« Premièrement, pour quatre symèses de vin présentées à ung commissaire (1), qui a chargé, de par le Roy, de conduyre et mener le sainct homme que l'on amène de Naples par devers le dit Seigneur, 5 s. 4 d. t.

« Item, plus pour celuy qui porta le poyson (poisson) à son logis, qui fut présenté, de par mes dits seigneurs les conseillers au dit commissaire, et pour avoir fait passer la ryvière (la Saône) au menuysier et royers (charrons) et cellier (sellier) au logis du dit commissayre, pour ung chariot qu'il est ordonné de faire pour mener le dit sainct homme par devers le dit Seigneur (le Roi) (2), 1 f. 3 d. t.

. . . .

« Premièrement à Guillaume Boisson, pour avoir accompagné la poste (le courrier) qui alloit savoir où estoit le sainct homme, pour en faire rapporter les nouvelles au Roy, 15 s. t.

« Item, au sire François de Genas, pour six symèses de vin présentées à l'anbeyseur (l'ambassadeur) du roy Ferrando (Fernando ou Ferdinand), qui a accompagné le sainct homme, 8 s. t.

(1) Guynot de Loslère.
(2) (Extrait du *Rôle des dépenses faites dans la semaine commençant le 17ᵉ mars 1482 (83)*. — (Pièces justificatives de la comptabilité d'Alardin Varinier).

« Item, à Tévenot Chanoin et Jehan de Tola, qui furent mis dehors la ville et tramis (envoyés) au lont (long) du ryvage du Rône, pour ce que le sainct homme n'entrase en la ville que messeigneurs les conseillers et les commissaires n'en fussent avertis; et y firent le guet tote la nuit, 5 s. t.

« Item, à Jehan Blanc dit Célestin, nochier, pour avoir apresté un batiau pour mener messeigneurs les conseillers et autres seigneurs de la dicte ville, pour aller au-devant du sainct homme; pour ly et les compaignons qui estions pour mener le dit batiau. 15 s. t.

« Item, pour pomes, qui furent présentées au dit sainct homme, qui costèrent, 27 s. 6 d. t.

« Item, à ceux qui portarent les dictes six symèses de vin et les dictes pomes, et à cely (celui) qui porta les carriaux et le tapis pour mettre au charriot du dit sainct homme, 2 s. 1 d. t.

« Item, à Robinet Dupré, pour avoir payé ceulx qui firent l'*estage* (1) pour monter le batiau où estoit le sainct homme, de dessous le pont jusqu'à son logis (2) 2 s. 3 d. t.

. . . .

« Item, à la poste posée en ceste ville pour le sainct homme, qui ne povoit faire diligence, à cause de son cheval qui estoit lases (las), afin de luy aider à avoir ung cheval, 2 livres.

---

(1) Ni Du Cange ni Roquefort ne me fournissent d'explication satisfaisante sur ce mot, qui doit avoir ici un sens tout particulier.

(2) Extrait du *Premier rôle des dépenses faites dans la semaine commençant le 21 avril* 1483. — (Comptabilité d'Alardin Varinier).

« Item, à Berry, huicier, pour le rembourcer de la cordaille du charriot, et faire covrir le dit charriot de *buriau* (1) ; — pour chandoilles, cloux et pain et vin pour ceux qui le covrirent, 27 s. 9 d. t.

« Item, pour gresse prinse pour oindre le dit charriot, 3 s. 4 d. t

« Item, pour deux livres de roysin (raisin) petis de Damas pour le sainct homme, à deux solz et six deniers la livre, 5 s. t.

« Item, au charreton de Bourges qui mena le sainct homme, en dédussion (déduction) du prix fait avec luy, ung escu au souleil, qui vaut en monnoie 35 s. t.

« Item, à Jehan de Paris, pour avoir dressé ledit chériot et y adviser ce qui estoit nécessaire (2), 20 s. t.

(Extrait du *Deuxième rôle de dépenses faites en la semaine commençant le* 21 *avril* 1483. — Comptabilité d'Alardin Varinier.)

III.

« S'ensuyvent les parties du chériot que monseigneur le maistre d'ostel du Roy, Rigault, a fait faire pour le saint homme :

---

(1) Sorte de tissu grossier fait avec de la laine de brebis noire et brune, et sans aucune teinture. C'est l'étoffe appelée *burat*, bien perfectionnée depuis.

(2) C'est ce passage, tiré des *Archives de l'art français* (série 2, t. Ier), que M. Dufay a reproduit dans sa notice sur Perréal. N'ayant point alors à m'occuper d'autre chose que du peintre, j'avais négligé le reste. Voilà pourquoi, faute de renseignements suffisants, M. Dufay s'est trompé légèrement dans l'appréciation du travail d'organisation de la machine prépa-

« Et premièrement, pour une livre de nerf et une livre de colle, 3 s. 4 d.

« Et plus, pour une vache sans gresse pour le fons du chériot, 1 liv. 5 s.

« Et plus sept peaulx de perche (1), prises chiez Jehan Lorideau, pour border le dessus dudit chériot et la coverte et les deux cofretz, 15 s.

« Et plus deux douzeynes et sept peaulx rouges prises chiez Jehan de Bourges pour les lodiers (courte-pointes) et pour la chapelle, 2 l. 4 s. 2 d.

« Et plus deux vaches grasses pour covrir le dessus du chériot, 3 l.

« Et plus un cuyr et demy pour covrir le dessus du chériot, 4 l. 10 s.

« Et plus une douzeyne de boucles de laton (laiton), pris chiez le sainturier, 10 s.

« Et plus quatre peaulx noires pour covryr les deux petits coffretz, 10 s.

« Et plus un grans clos (cloux) pour ledit chériot, 12 s. 6 d.

« Et plus quinze cens de clos blancs, 7 s. 6 d.

« Et plus treize cordoans que a fourny Jehan d'Auvergne, à trois solz neuf deniers la piesse, 2 l. 8 s. 6 d.

« Et plus onze courdoans que a fourny Jehan, cellier (sellier), à la coverte, à sept sols six deniers la piesse, 4 l. 2 s. 6 d.

rée pour le trajet de François de Paule, de Lyon à Roanne. Je dis de l'une à l'autre de ces villes, car il est probable qu'arrivé dans la dernière, le religieux dut descendre la Loire jusqu'à Tours, à deux pas seulement du château du Plessis, où le roi l'attendait.

(1) Ne pourrait-on pas lire : Sept peaux *du Perche* ?

« Et plus deux douzeynes de boucles noires pour estachier (attacher) la coverte, 2 s. 6. d.

« Et plus deux peaulx viollettes pour faire les deux cuyssinetz (coussinets), 12 s. 6 d.

« Et plus pour le bast-colle (selle) garny de sangles, d'estriers et d'estrivières, 2 l. 10 s.

« Et plus pour ung courdoan gros que on a mis audit chériot, et une peau rouge pour le doubler pour une fenestre dudit chériot.

« Et plus pour six couroyes pour ledit chériot, 2 l.

« Somme, 13 l. 6. d. tournois.

« Et, sans compter les ferreures des deux coffretz, 26 l. 15 s. 6 d. (1)

« S'ensuyt ce que Alardin Varinier a baillé par la main de Guillaume Torvéon, son serviteur, pour le chériot du saint homme :

« Premièrement, à Jehan Guillemère, mareschal, pour sa reste de la ferreure dudit chériot, 27 s. t.

« Item, à Pierre Pastrier, royer (charron), sur ce que luy peut estre deu pour les roues et autres choses nécessaires à chariot, excepté l'arche et chapelle, 2. l. t.

« Item, à Colin, le borrellier, sur ce que luy peut estre deu pour troys coliers et les traictz faitz pour mener ledit chériot, 6 l. t.

« Item, à Jehan Broquin, sellier, ou à son homme, qui garnist l'arche et chappelle dudit chériot, sur ce que luy peut estre deu pour la dicte garnison, 7 l. t.

« Item, à Symon Turin, pour seize aulnes et dymie

---

(1) Cet état de frais est entièrement écrit de la main du procureur général de la ville.

de serge pour dobler ledit chériot, à treize blans chacune aulne, monte 4 l. 16 s. 3 d.

« Item, au dessus nommé Jehan Guillemère pour certaines autres ferrementes, tant crochetz que crampons, barres, chaînons et autres choses à faire tenir ledit chériot, 20 s. t.

« Item, ay plus païé pour quatre livres et demye plume pour deux carryaus (oreillers), à seize deniers la livre, monte 6 s. 8 d.

« Item, plus païé à Jaquet, oste de la *Cloche*, de Bourges, pour une charrete pour mener le bagage jusques à Rouane, 20 s.

« Item, ay plus païé pour ung tapis à Jehan Pynier, en trois escuz d'or, 5. s.

« Item, a plus baillé à Colin Arnaud, borrelier, pour reste de ce que luy peut estre deu pour les vercoles (bricolles), avalloires, deux peres de traictz, deux agneaulx (anneaux) de fer pour les dictes vercoles, une piesse de mantelles (1) et d'aneaulx, une surcelle et des chaines en l'avalloire, et quatre atelloires de fer, une bride de limons, deux brides à collière (bridons), cordeaux et retraictes et des cropières et vercolles : tout pour les chevaulx et chériot du dit saint homme, 9 l. 13 s. 4 d. t.

« Item, à Estienne Petit fils, charretier de Borges (Bourges), pour reste du païement du chariot du saint homme, jusques à Rouane, 12 l. 18 s. 3 d.

« Item, à Jehan Michallin, cellier, pour la manusféture (confection) du charyot du saint homme, 9 l. 13 s. 4 d.

(1) Ne s'agirait-il pas, par hasard, ici, de cette large tresse plate, si solide, que les bourreliers emploient pour les sous-ventrières des chevaux ?

« Somme, 37 l. 5 s. tournois.

« Item, à Jehan Sellier, une vache sans graisse pour mettre au fons du chériot du dit saint homme, avec une autre, ès-parties (c'est-à-dire à la facture ou mémoire de frais) dudit Jehan Sellier, 25 s. t. (1)

« Item, pour huit fûtres (feutres) et neuf aulnes de grosse toyle, pour chacun fûtre huit blancs et pour chacune aulne de toile quatre blancs, monte 2 l. 1 s. 8 d. t.

« Item, toutes les autres parties fournies par le dit Jehan Sellier montent en somme toute 26 l. 15 s. 6 d. t.

« Somme toute, 136 l. 5 solz 5 deniers tournois. »

Dans le même temps, Antoine Dupont, procureur général de la ville, adresse au receveur Alardin Varinier et à Richard des Costes, fermier du barrage du pont du Rhône, les invitations suivantes :

« Monsieur le trésorier, donnez à Lionnet Lannin, mareschal, sur la ferremente (ferrure) du chériot du saint homme, pesant deux quintaulx trente livres, 3 livres tournois, en déduction de ce que lui est deu pour la dicte ferremente.

---

(1) Celui-ci est certainement le même individu que le Jean Droquin, sellier, mentionné plus haut. Voici en quels termes il réclame le payement de ses fournitures, qui, paraît-il, ne lui avaient pas été soldées en totalité :

« Mémoire que es parties du chériot que on fit pour le saint homme, que au fons du dit chariot l'on a mis que y ny a une vache sans gresse, et il y en a deux ; par ainsi, reste une qui est encores deue à Jehan Cellier, qui monte 1 l. 5 s.

« Plus, a esté oblié à mettre pour le ladier du dit chariot huit feutres et neuf aulnes de toelle, à huit blans chacun feutre et quatre blans l'aulne de la toëlle, monte 2 l. 1 s. 8 d.

« Somme, 3 l. 6 s. 8 d. tournois. »

« Item, baillez à Haquinet, le menuysier, quant il yra devers vous, pour l'arche et chappelle dudit chériot, 10 livres tournois.

« Item, au varlet ou frère de Jehan Broquin, sellier, en déduction de ce que luy sera deu pour la garnison d'icelluy chériot, 10 livres tournois.

« Et mettez par devers vous combien et à qui vous baillerez, pour faire somme grosse et vous en passer descharge, à la fin du dit chériot.

« A. Dupont. »

« Sire Richard, païez, sur les deniers de la ferme du barrage du pont du Rosne de ceste ville, à Estienne Petit-filz, charretier de Bourges en Berry, 12 l. 18 s. et 4 d. tournois, pour complément de païement de la voyture (conduite) du chériot et bagues (bagages) du saint homme, jusques à Roanne. Et, par (c'est-à-dire en) rapportant ceste cédule, je vous feray rabattre la somme sur le prix de la dicte ferme, car ainsi l'ont commandé et ordonné messeigneurs les conseillers, aujourd'hui 25ᵉ jour d'avril 1483.

« A. Dupont. »

« Sire Richard, oultre et par-dessus ce que, par autre police, vous ay aujourd'huy mandé fournir à Estienne Petit-filz, baillez à Jehan Michaillo, sellier, 9 l. 10 gros et 2 blans pour le parachèvement de la manifacture du chériot du saint homme. Et, par rapportant, etc., aujourd'hui 25ᵉ d'avril 1483. — Et, s'il vous plait n'y ferez faulte, car ledit Michaillo s'en voult aller en court (à la Cour) et ne demeure pour autre chose.

« A. Dupont (1). »

Enfin, je trouve, à la date du 19 décembre de la même année, dans une des pièces justificatives de la comptabilité de Guillaume Doblet, qui avait succédé à Alardin Varinier en qualité de trésorier et receveur générale de la ville, une dernière mention de la dépense faite pour la litière de Saint-François de Paule.

---

(1) A la suite de tous ces payements, effectués par la main d'Alardin Varinier, on expédie à ce dernier le mandement certificatif suivant, qui nous fournit deux ou trois détails neufs :

« Nous Jehan Rosselet (Rousselet), Jehan Lemaistre, Estienne Laurencin, Robinet Dupré, etc., citoyens et conseillers de la ville de Lion, à tous ceulx qui ces présentes verront sçavoir faisons et certifions que honorable homme Alardin Varinier, trésorier et receveur, etc., par nostre commandement et voulenté, a baillé, délivré et paié à plusieurs personnes es fuilletz de papier cy actachez nommées, les parcelles et sommes particulières es dits fuilletz déclairées, montans en somme grosse 136 livres 5 solz 5 deniers tournois, pour les estouffes (fournitures) d'ung chériot branlant que le Roy, nostre Sire, nous manda, par ses lectres missives, aussi actachées à ces présentes (elles occupent encore cette place et y resteront), faire faire, tel que par Rigaud Doreille, son maistre d'ostel, pour ce envoyé dans ceste dicte ville, seroit devisé et ordonné, affin de mener le bon saint homme que le dit Seigneur faisoit venir de Naples par devers luy pour le bien de luy et de son Royaume, en ce compryns la voyture (le transport) dudit bon saint homme ou (au, dans le) dit chériot, et de trois ou quatre bales (est-il besoin d'expliquer ce mot, resté lyonnais par excellence ?) de ses bagues (bagages), d'icy à Roanne en Roannoys. Si, voulons et ordonnons, etc. — Donné à Lion, en l'ostel commun de la dicte ville, le 6ᵉ jour de juillet 1483.

« Ainsi passé et commandé par mes dits seigneurs consulz.

« A. Dupont. »

« Item, plus à Fruseit (*sic*, — il faut lire François) de Genas, pour quatro carreaulx de tapisserie per garniz (pour garnir), par luy fourniz et mis au chériot du saint homme que le feu Roy fit mener dernièrement à Tours. »

Les diverses pièces justificatives de comptabilité qu'on vient de lire, ou du moins parcourir, les mandements consulaires qui les accompagnent et les deux lettres closes du roi Louis XI, qui dominent le tout, sont les seules traces matérielles et authentiques, aujourd'hui existantes, du passage de Saint-François de Paule à Lyon et du bref séjour que ce religieux fit dans la ville. Le procureur général Claude de Rubys (un maître homme celui-là, et qui demande à être jugé en dehors de ses écrits) ayant été chargé, en 1574, de dresser, lui troisième, un inventaire raisonné des archives de la commune, qui avaient eu beaucoup à souffrir des discordes civiles et religieuses, et particulièrement de l'occupation de la ville par les protestants(1), connut très-positivement ces papiers et en tira parti dans l'intérêt de son livre. Mais l'ardent ligueur, l'apologiste convaincu et aveuglé du duc de Nemours (Charles de Savoie), voyait les choses à la manière de son temps et non avec les idées du nôtre; c'est pourquoi il a laissé dans l'ombre ce qu'il nous importait plus particulièrement de connaître, et que nous trouvons justement dans les pages qui précèdent.

(1) *Actes consulaires*, BB, 92. — Rubys eut pour collaborateurs, dans cette œuvre de mise en ordre et de classement, Jean Ravot, secrétaire, et Guyot de Masso, receveur de la ville.

www.ingramcontent.com/pod-product-compliance
Lightning Source LLC
Chambersburg PA
CBHW061523040426
42450CB00008B/1759